雨弦著

文史哲詩叢

籠中無鳥

文史哲出版社印行

國立中央圖書館出版品預行編目資料

籠中無鳥 / 雨弦著. -- 初版. -- 臺北市 : 文史哲, 民85
面 ; 公分 --(文史哲詩叢 ; 19)
ISBN 957-549-022-3(平裝)

851.486

文史哲詩叢 ⑲

籠中無鳥

作者：雨弦
出版者：文史哲出版社
登記證字號：行政院新聞局局版臺業字五三三三七號
發行人：彭正雄
發行所：文史哲出版社
校對：林雅玫
封面設計：吳合芳
印刷者：文史哲出版社
台北市羅斯福路一段七十二巷四號
郵撥〇五一二八八一二彭正雄帳戶
電話：三五一一〇二八

實價新台幣一六〇元

中華民國八十五年七月初版

ISBN 957-549-022-3

文如其人

綠蒂

詩人雨弦繼「夫妻樹」、「母親的手」、「影子」等詩集之後，又將出版「籠中無鳥」，在其詩創作的道路上這是值得慶賀的事，同時也否定了他說自己是認眞生活而懶於寫詩的人，眞實的雨弦是認眞生活而忠於藝術的人。

雨弦先生有三十年的詩齡，在一九八五年與其共同赴美參加世界詩人大會後，對其人其詩始有較深的認識。雨弦爲人誠懇，處事嚴謹，在任何工作崗位上認眞執著，不負所託，是位可以共事，可以深交的朋友。

雨弦的詩可謂文如其人，向來不譁衆取寵，在樸實無華中洋溢著親切的感動。作品的取材大都是其純眞的思緒投入於生活中的感觸，從早期的著重生活情趣而邁入如今對社會的關懷、對人生哲理的頓悟，可以說是已達更上層樓的境界。

雨弦對學問與藝術的追求是多方面的，近年來也勤習書法與繪畫，以其詩的眼光和境界來涉獵經營，亦頗有所成。我想做畫家、書法家並不是他追求的目標，讓生活與藝術結合，美化自己的心靈才是他的理想。

詩要感動自己，也要感動別人。
詩要美化自己，也要美化世界。
詩是獻給自己心靈最好的禮物。

詩是自己對人生最美好的答語。

詩人的道路是孤寂的，但也因其孤寂，而致有璀燦的作品。

不管籠中有鳥或者無鳥，我深信雨弦兄的另一個三十年依然是詩意盎然而作品豐盈，這是我的祝福，並與雨弦兄共勉。

一九九六年詩人節

自序

一

這是我的第四個詩集。距上一集「影子」的出版正好二年，二年來得詩廿七首，加上之前的三首舊作，一共卅首，編成這本薄薄的詩集。

爲便於閱讀，我按性質內容分爲四卷：卷一「花開的聲音」，六首，是遊日本的隨想，卷二「讓我們看雲去」，十首，是情愛的抒發，卷三「籠中無鳥」，七首，是悟性的探討，卷四「賣春，捲」，七首，是生命的詮釋。

二

我寫詩喜歡隨緣，不喜强求，因此有時數月無詩，有時靈感一來，攸忽成篇，那種滿足，難爲外人道也，詩的迷人處，不就在那美麗的靈光一閃，捕捉刹那成永恒？

我寫詩的題材，大多來自工作，來自生活，譬如過去我在殯儀館工作多年，「死亡」的題材自然唾手可得，像集子中「有人」、「殯儀館的化粧師」、「一半」都是這類寫實作品，又這幾年在老人院工作，「老人」題材信手拈來，毫不費勁，像「老人的婚禮」、「老榕樹」、「落日悲情」都是我在這裡的收穫。

眞是何其有幸，我能在殯儀館、老人院這樣特殊的機構服務，一方面是積功德的事，一方面也能更深一層體驗人生，我不敢說已參透生死，可以像莊子一樣生死齊觀，但活得更灑脫自在卻是事實，我總感覺，在殯儀館工作多年，我已死過千百次，在老人院這幾年，也早已成爲老人，浴火鳳凰，死而復生，焉能不灑脫自如？

三

最美的生活，往往來自單純，年輕時我曾因工作三度山居，當然也是我自己的選擇，山中的生活是最單純不過的了，物質生活簡單到只有一張床，一個電爐，連電燈、電話都沒有，夜來村子裏的人家不是點起蠟燭，就是油點燈，外面是走動的手電筒的燈光，整個村子一片朦朧，眞是美極了，尤其是星月交輝的夜晚，更是美得讓人窒息，彷佛活在李白、淵明的時代裡，這種人間仙境，對現代的都市人而言，眞是「此景只應天上有」。而奇怪的是，三度山居將近七年的時間，竟然沒能寫出一首詩來，我左思右想，終於得到了一個結論：我是一個認眞生活而懶於寫詩的人。

四

這幾年我曾數次到日本旅遊，暫時卸下忙碌的工作，卸下繁重的責任，卸下生活的壓力，我彷佛又回到那種山居的感覺，好像一隻「籠中鳥」飛回森林，海闊天空，任我翺翔。曾經在淺草的夜晚，與友人走在那些古老、寧靜而有秩序的小巷，只覺無限寬廣，悠然舒暢，我想，那些小巷是我有生以來走過最美、最寬廣的「大道」了。而那一夜在淺草寺，一樣讓我流連忘返，在如此虔敬與自在的夜裡，我怎捨得入眠？到了京都、奈良，那些古老的寺院，就更讓人酣醉千年了，在坐擁山林，擁有一千二百多年歷史的清水寺，看到那一片古老的建築，只是贊嘆與感動，那種感覺的美好我是說不上來的，只覺人生到此，夫復何求，只取一瓢清水也就足夠了。

五

有人問我：「你寫詩寫了卅年，還會繼續寫下去嗎？」我笑而未答，卻想起莎士比亞的那句話來：「寫吧！寫到你的墨水乾涸，再用你的淚水沾濕你的筆尖。」雖然，我承認，我是一個認眞生活而懶於寫詩的人，但要我對詩忘情，除非，有一天，我得了老人痴呆症，而詩，它能讓我永免於老人痴呆症，我深信著。

目錄

卷一

花開的聲音

淺草夜巷

——日本紀遊之一

就這樣無所謂的走著
那麼，這小巷
就是最最寬廣的大道了

而更寬廣的是
寧靜的心
就是海闊天空了

哦今夜，就讓我陪你走一段
這狹隘卻無限寬廣的
小路

夜訪淺草寺

──日本紀遊之二──

在喧囂的午夜
我悄悄出走
把一切拋棄
把自己拋棄
讓孤獨的靈魂
自在的遊走

讓靈魂之窗
讀觀音不眠的眼
讀雲，讀星
讀風孤獨的流浪
讀入定的五重塔
讀頓悟，讀隨緣
讀成一方小小的
淨土

地下鐵所見

——日本紀遊之三

人口爆炸后
遂挖空心思，開拓
另一度空間
於是，你是忙碌的
蟻，入洞

出洞，入洞
出洞，從早到晚
就這樣的忙碌著，你的一生
就這樣的忙碌著

花開的聲音

——日本紀遊之四

從神戶傳來
花開的聲音
在大阪，深深的夜裏

今年春天
一朵北國的櫻花

去到我遙遠的家鄉
盛放，而就在眼前
她的家鄉
也有醉人的芬芳麼

今夜，在異國的夢土上
會是怎樣美麗而又焦急的
心情，等待著
一朵蓓蕾的
綻放

海上的一夜

——日本紀遊之五

莎喲娜啦，再見
我的愛，我的愛已啓航

月走來，含羞地
給溫柔的瀨戶內海
披上一襲微明的睡衣
海就靜靜地睡了

甲板上，風很大
而大阪越離越遠
走下船舷
可以靜靜地想你
就把船濃縮成愛的小舟吧
那樣可以自由駛進妳的腦海

夜深了，偌大的船艙內
祇剩我孤伶伶的
一個人，在無邊、無夢的
海上

遊清水寺

──日本紀遊之六

且讓我進入你的透明裏

來，取一瓢水
一瓢清清的水
心便充滿法喜

啊十一面觀音
看你千手千眼，看你

入定青山，鳥瞰紅塵
多少朝代更迭，繁華落盡
而山仍是山，你仍是你

聽說，春天的櫻花
秋天的楓紅，最美
祈求愛情婚姻
健康財富，都靈
啊十一面觀音，其實
我祇在乎你，祇在乎你
取一瓢水，一瓢清清的水

卷二
讓我們看雲去

詩人和他的情人

整個上午
詩人和他的情人
在他十八樓的家
讀
讀詩
讀藍藍的天空
有鳥飛過

午后，他們穿越時空
回到遠古
讀陶，情人說
何其年輕，何其年輕哪

然後去西子灣
聽海洋學教授的課
如聽浪濤
藍藍的天空
有鳥飛過

他們泛著小舟

來到「萊茵河」（註）
這裏距愛河最近
一杯伯爵奶茶
一杯檸檬
竟不覺有一碟蛋糕
一起溶入暮色

註：一家coffee shop的名字。

指腹為婚

——給美雲

聽說在我未出世以前
有一朵雲
在未醒來的天空
等待今世的姻緣

天空醒來
雲醒來
妳我錯身而過
愛在銀河擱淺

而來世呢？妳來不來
誰知道
妳是天上飄忽的雲
還是地上流動的水

老人的婚禮

沒有風光的場面
沒有盛大的酒席
這晚春的婚禮
依舊讓人動容

男女都已過七十
七十才剛開始呢

不管路有多長
幸福就有多長

而他們確已走過
漫長的旅程
深知晚春的家園
需要好好灌溉培養

何須激情浪漫
更能細水長流
愛的小舟載滿
盈盈的祝福

二〇三朵紅色的康乃馨

——給老人院的媽媽們

我們沒有血緣
卻同樣落了籍，生了根
在這晚翠的家園
五月就要開花

我要一朵一朵剪下

別在妳們的胸前
好讓天上的媽知道
我並沒有失去她

哇！二〇三朵紅色的康乃馨
二〇三個媽媽

蝴蝶蘭

如果妳是一隻蝶
我是什麼呢
今夜，莊周來不來
如果妳是一朵花
我是什麼呢
明早，蘭兒開不開
如果，蝶非蝶，花也非花
妳是什麼呢

多妻者

——給廷俊

曾經參加了
你和詩的婚禮
那知你又愛上了畫
好個多情男子

也曾見你

在報館走進走出
公然擁抱標題
接吻插圖

而你的長鏡頭
連朵雲也不放過
好個無可救藥的傢伙

那一夜

——贈韓國女詩人申東春

妳從鴨綠江來
與我的愛河握手
握成什麼呢
姊弟或兄弟都可

在文化中心的晚宴上
妳讀日月潭
我讀妳的眼
妳的眼便美成詩
美成潭，清澈而溫柔

從英雄館到愛河畔
我們共踏輕輕月色
而台灣啤酒
何須邀月成三人

夜已深深

妳北京的夢魘
一再浮現
我不眠的心情
而妳呢
竟以紅腫的眼來回答

後註：申東春出生於鴨綠江畔，小時曾住過北京。

夏威夷是一首詩

夏威夷是一首詩
一首海誓山盟
熱情澎湃的
詩，一首
原始浪漫
悠然舒暢的
詩，一首

坦誠相見
一絲不掛的
詩，一首
叫人無可抗拒
讀了還想再讀的
詩

詩與詩人

1

如果天空無鳥
如果海洋無魚
如果大地無樹
我不知
那是怎樣的一個世界

如果鳥無天空
如果魚無海洋
如果樹無大地
我不知
那是怎樣的一個世界

2

爲你，我要蓋一棟豪華別墅
爲你，我要造一道七彩虹橋
爲你，我要做一桌滿漢全席
爲你，我要買一件貂皮大衣
而你，你這不識趣的傢伙

竟一一回絕，還說
你所要的，祇是
一間陋室
一條小巷
一道便餐
一襲布衣

讓我們看雲去

推開辦公桌、電話、傳眞機
推開如山的公文
讓我們看雲去

推開會議桌、飯局、KTV
推開無謂的應酬
讓我們看雲去

推開政治、經濟、社會
推開所有的活動
讓我們看雲去

讓我們看雲去
寫一首詩
畫一幅畫
讓雲留在身邊
天空留在身邊
太陽留在身邊

卷三
籠中無鳥

挽面

用這樣的一根線
挽著奶奶
挽著母親
挽著我

成人之美的古訓
言猶在耳

而飛向天空的那根線
切莫讓它斷了呵

撫松而盤桓

撫松而盤桓的淵明
不復見汝久矣
那天上山採藥
卻見一株長青
傲然而立
說什麼也不肯折腰
祇是拼命地挺直

伸向天空的身子
孤寒是必然的
灑脫是必然的
而撫松盤桓的我
卻忘了下山的路
唉！淵明
不復見汝久矣

小小盆景

縱然泥土一撮
只要我們有根

讀你綠意盎然
讀你堅韌挺拔
讀你欣欣向榮
讀你意氣風發

讀你讀成山林
讀成無限，讀成永恒
且進入你的浩瀚裏
聽鳥鳴松濤，山幽雲深

縱然泥土一撮
只要我們有根

心事

雪依然飄著
好深呵
這夜，這雪
心房裏那盞燈
都說倦了
書桌上那道題
依舊無解
雪，依然飄著

悟

也曾想過　是大鵬
飛越萬水千山
也曾夢過　如白駒
馳騁北國草原
如今呵　驚覺
一隻綿羊
在人工的牧場

宿命地生活
而奉獻所有
也祇不過是
那麼一點
皮毛

籠中無鳥

好友小飛對我說：「養隻鳥吧！」
「好吧，給我一個六尺高的鳥籠，
且讓我備妥你最喜愛的山珍海味，
我想回報你的善意。」

我把珍饈一一送進籠子裏
再請我的好友入內享受
「這——」他楞住了
從此，我的這位好友絕不再提鳥事

佛光山遇雨

煙雨下凡
進入放生池
與龜魚們交談
進入不二門
給菩提樹洗塵
進入大雄寶殿
敲響鐘鼓，敲響

我塵封的心情
乃胸懷唸珠
一路托鉢化緣而來
縱然走遍千山萬水
也要把佛音散播
凡間

卷四
賣春，捲

老榕樹

深念著鄉土的
根，盤錯纏綿

立地然後頂天
如一座山
無所謂風雨
無所謂烈日

這些都已成爲你的體質
而無數的新綠
總是不斷滋長
長長的美髯
老愛玩盪鞦韆
是返老還童嗎？
黃昏了，看彩霞飛起
多美

落日悲情

那年冬天
我來到山中，那古屋
暗黑的房裏
油燈的光影搖晃著
孤獨的老人醒來
兩口井汲不出一滴水

想握握他的手
卻握住兩根柴火
想聽聽他的心
卻只聽到一聲聲
倦了，倦了

步出房門，驀然撞見
一輪落日，正緩緩
隱沒

賣春，捲

每年四月
總會想起那則賣春，捲的笑話
這年頭人總愛看笑話
春又何罪之有？

人們喜愛春天
尤其是小孩子們

他們喜愛吃春捲
卻不懂賣春

步入中年的我
爸媽已不在身邊
最怕是春寒
雨就紛紛落下來
落下來，在黃土一堆
那形狀，多像春捲

出境

持著醫院護照
爸要出國去旅行
一個叫天國的地方
今天黃道吉日
航空站擠滿了人
我們都來送行
而爸已進入他專機
閉目養神
我們哭過，痛快地

哭過，可是
爸依然不肯出來
想起以前種種
爸對我們的好
又任苦澀的淚水
淹沒自己

專機即將啓程
爸，珍重吧
記得去找我媽
等著您們，一起
回到我的夢境裡來

有人

一群人忙著
從冷凍房，到化粧間
從奠禮堂，到火化場
有人忙著哭泣落淚
有人忙著行禮如儀
有人忙著入土爲安
有人忙著火化升天

有人忙著暗算
那一筆不小的遺產
如何瓜分
好讓後半輩子
活得更痛快

殯儀館的化粧師

許是鬼比人可親
乃選擇面對死亡
面對一成不變的鬼臉
而人是善變的

在陰冷而潮濕的角落
人寐著，鬼醒著

在寐與醒之間
死亡沒有選擇
而天堂和地獄呢
有沒有選擇

其實，鬼和人一樣可憐
面子總是要的
就最後一次吧
讓我好好的玩你
那張不再善變的
臉

一半

棺木店的老王結婚了
親友們都來道喜
而偌大的店面
早已被棺木佔去一半

春風滿面的新郎挽著
嬌滴滴的另一半

親友們也坐滿
佔著一半店面的酒席

忽然，背後的一口棺木說話了
生也一半，死也一半
喜也一半，悲也一半

附　錄

關於挽面的詩

之一

〔記者李惠美高雄報導〕高雄市長青運動會十九日上午在中山體育場登場，二千多名銀髮族熱力四射，進行選美、熱舞、民俗秀等多項才藝表演，場內老人散發出來的「快樂長青氣息」比協辦活動的三、四十歲義工還要生氣勃勃。

長青運動會吸引上萬人次與會，很有看頭的「最有魅力銀髮貴族票選活動」，七位六十幾歲至八十幾歲的銀髮族以歌唱、才藝、裝扮登臺表演，再由與會各團體成員票選。

票選結果，分別由六十八歲的許王降麗獲最有魅力獎，七十四歲的楊黃愛惠獲最佳才藝獎，六十八歲的鄔敏獲最佳造型獎，另有四名獲最佳親和獎，有八十一歲的林王亂，七十七歲的張萬和，八十五歲的柯李月，七十七歲的陳天木。

會中出現一種「異象」，引起民眾圍觀。原來，一名中年男士坐在女人群，參加大會舉辦的「免費挽面」古老美容服務。更令人驚訝的是，他不是別人，正是高雄市仁愛之家的主任張忠進！有「詩人作家」之稱的張忠進笑著向圍觀者說：「想要寫一首關於挽面的詩，於是下海體驗。」

另一項「祖孫三代接力賽」洋溢天倫親情畫面，阿公阿媽級的都忘了年齡的存在，身手矯健，卯足了勁。比賽結果，團體總錦標由高雄市老人活動中心奪得，二、三名分別爲旗津、前金區公所。精神總錦標爲楠梓區公所。

市長吳敦義昨天主持大會時以「地久天長」、「福壽綿延」祝福全體阿公阿媽。會場除了挽面服務，並提供了中醫義診、傳統技藝、敬老點心加油站、仁愛之家家民成果展等。

摘自85.5.20.中國時報

之二

〔記者蘇福男／高雄報導〕挽面是老祖母的祖傳美容秘方，自古以來挽面即爲女性的專利，知名詩人高市仁愛之家主任張忠進爲了一償宿願，昨天親自體會男人挽面的滋味，並即興創作一首詩作爲紀念。

張忠進表示，他一直很想親自體會挽面的感覺，然後創作一首詩，談談男人對挽面這項古老美容技法的觀感，可惜一直找不到機會一償宿願，昨天長青運動會剛好備有挽面服務，他認為機不可失，立即央求高市美髮義工協會的美容師為他挽面，挽完面後，張忠進即興創作一首詩以資紀念。

整首詩內容如下：

用這樣的一根線
挽著奶奶
挽著母親
挽著我

成人之美的古訓
言猶在耳
而飛向天空的那根線
切莫讓它斷了呵

摘自85.5.20.自由時報